INGLÉS DE SUPERV...
SURVIVAL SPA...

KUMQUAT

Para mis pequeños amigos,
José Enrique y Luis Aroca Salom.
Matz

Queda hecho el depósito que previene la Ley 11.723
Texto © 2005 Alejandra Longo
Edición y realización © 2005 Kumquat
Ilustraciones © 2005 Matz Mainka
Diseño Andrés Sobrino
Ediciones Kumquat, Buenos Aires, Argentina
Email: kumquat@kumquat.com.ar
www.kumquatediciones.com
Impreso en Latin Gráfica, Buenos Aires, Argentina.
Primera edición, abril 2005
ISBN 987-21791-9-0

Longo, Alejandra
   Inglés de supervivencia : survival spanish / Alejandra Longo ;
   ilustrado por Matz Mainka. - 1a ed. – Buenos Aires : Kumquat, 2005.
   40 p. : il. ; 23x15 cm.

   ISBN 987-21791-9-0

   1. Inglés-Diccionario para Niños. I. Mainka, Matz, ilus. II. Título
   CDD 413.054

INGLÉS DE SUPERVIVENCIA
SURVIVAL SPANISH

Palabras y frases que te ayudarán a salir de líos
Words and Sentences to Get You Out of Trouble

Alejandra Longo

Ilustrado por / Illustrated by
Matz Mainka

KUMQUAT

En la cocina
In the kitchen

1- la cocina *stove* 2- el horno *oven* 3- la cacerola *pot*
4- la cuchara de madera *wooden spoon*
5- la sartén *frying pan* 6- los fósforos *matches*

¿Y ese humo?
¡Se me quemó la comida
y tengo invitados a comer!

What's that smoke?
The food is burned, and I have
guests coming for lunch!

7- la pileta de lavar *sink* 8- la tostadora *toaster*
9- el bote de basura *garbage can* 10- el extractor de humo *vent*
11- el humo *smoke* 12- el recetario *cookbook* 13- el fuego *fire*

En el cuarto de baño
In the bathroom

1- el inodoro *toilet* 2- el lavabo *sink* 3- la toalla *towel*
4- el jabón *soap* 5- la bañera *bathtub* 6- el espejo *mirror*
7- la cortina de baño *shower curtain* 8- el grifo *faucet*

¡Oye! ¡Vuelve aquí!
¡Necesito papel higiénico!

Hey! Come back here!
I need toilet paper!

9- la ducha *shower* 10- el papel higiénico *toilet paper*
11- el champú *shampoo* 12- el cepillo de dientes *toothbrush*
13- la pasta de dientes *toothpaste*

En la ciudad
In the city

1- la calle *street* 2- la avenida *avenue* 3- el auto *car*
4- el semáforo *traffic light* 5- el policía *police officer*
6- el camión *truck* 7- el cruce peatonal *crosswalk*

Creo que estoy perdido.
Perdone, ¿me podría decir
dónde está el Hotel Plaza?

I think I'm lost.
Excuse me, could you tell me
where the Plaza Hotel is?

8- la acera *sidewalk* 9- el mapa *map* 10- las flores *flowers*
11- el buzón *mailbox* 12- el hidrante *fire hydrant*
13- el parquímetro *parking meter* 14- el puente *bridge*

En la verdulería-frutería
At the fruit and vegetable market

1- la naranja *orange* 2- la manzana *apple* 3- el plátano *banana*
4- la piña *pineapple* 5- la lechuga *lettuce* 6- el tomate *tomato*
7- el repollo *cabbage* 8- la berenjena *eggplant*

Disculpe, me tropecé.
Yo sólo quería una manzana.
¿Me podría dar una?

I'm sorry, I tripped.
I only wanted an apple.
Could you give me one?

9- la espinaca *spinach* 10- la cebolla *onion* 11- la papa *potato*
12- la pera *pear* 13- la zanahoria *carrot* 14- las uvas *grapes*

En el parque
At the park

1- rojo *red* 2- azul *blue* 3- verde *green* 4- negro *black*
5- blanco *white* 6- amarillo *yellow* 7- violeta *purple*

¡Ayúdenme! ¡Mi hermano
ha salido volando con el globo!

*Help me! The balloon is floating
away with my brother!*

8- naranja *orange* 9- rosado *pink* 10- gris *gray* 11- marrón *brown*
12- el pintor *painter* 13- el pincel *paintbrush*

En una estación de servicio
At a gas station

1- la rueda *wheel* 2- el auto *car* 3- el volante *steering wheel*
4- el espejo retrovisor *sideview mirror* 5- el maletero *trunk*
6- el paragolpes *bumper* 7- el sol *sun*

¡Pare! ¡Ya tenemos bastante aire en la rueda!
¿Nos puede llenar el depósito?

Stop! We have enough air in our tire!
Can you fill our tank with gas?

8- el dependiente de la gasolinera *gas station attendant*
9- el parabrisas *windshield* 10- la luz *headlight*
11- la bomba de aire *air pump* 12- la bomba de gasolina *gas pump*

En la tienda de ropa
In the clothing store

1- el vendedor *salesman* 2- el escaparate *store window*
3- el pantalón *pant* 4- la camiseta *T-shirt* 5- las medias *socks*
6- el zapato *shoe* 7- la zapatilla *sneaker* 8- la chaqueta *jacket*

¡Qué mala suerte!
Buenas tardes, necesitamos
una camiseta de la talla 14.

Oh, too bad!
Good afternoon,
we need a T-shirt in a size 14.

9- la ropa interior *underwear* 10- la bota *boot* 11- el cinturón *belt*
12- el sombrero *hat* 13- la gorra *cap* 14- la cartera *handbag*
15- los lentes *glasses*

En el médico
At the doctor

1- la camilla *examining table* 2- la curita *bandage* 3- la gasa *gauze*
4- el hilo *thread* 5- la aguja *needle* 6- el alcohol *rubbing alcohol*
7- el médico *doctor* 8- el esqueleto *skeleton*

¿Qué tengo, doctor?
Me duele un poco la cabeza.

Doctor, what's wrong with me?
I have a little headache.

9- las píldoras *pills* 10- las tijeras *scissors* 11- la enfermera *nurse*
12- la jeringa *syringe* 13- el estetoscopio *stethoscope*
14- el termómetro *thermometer* 15- los guantes *gloves*

En el restaurante
In the restaurant

1- el camarero *waiter* 2- la bandeja *tray* 3- el menú *menu*
4- la mesa *table* 5- la silla *chair* 6- el mantel *tablecloth*
7- la servilleta *napkin* 8- el plato *plate*

¡Me arde la boca!
¿Me podría traer un poco
de agua, por favor?

My mouth is on fire!
Could you please bring me
some water?

9- el vaso *glass* 10- la copa *wineglass* 11- el cuchillo *knife*
12- el tenedor *fork* 13- la cuchara *spoon* 14- el salero *saltshaker*
15- la jarra *pitcher*

En una mudanza
During a move

1- el camión de mudanza *moving van* 2- el canasto *basket*
3- la soga *rope* 4- el sofá *sofa* 5- la escalera *stairs*
6- la lámpara *lamp* 7- el colchón *mattress* 8- la cama *bed*

¿Qué hacen?
¡Bájenme de aquí!

What are you doing?
Put me down!

9- el refrigerador *refrigerator* 10- la lavadora *washing machine*
11- el balcón *balcony* 12- la pecera *fish bowl* 13- el gato *cat*

En la estación de tren
At the train station

1- las vías *tracks* 2- el tren *train* 3- el andén *platform*
4- el reloj *clock* 5- el equipaje *luggage* 6- los maleteros *porters*
7- el guarda *guard*

¡El tren se va!
¿A qué hora sale el próximo
tren a Boston?

The train is leaving!
What time is the next train
to Boston?

8- el bar *bar* 9- el kiosco *newsstand* 10- los diarios *newspapers*
11- la pantalla con horarios *timetable* 12- los pasajeros *passengers*

En el museo
In the museum

1- el busto *bust* 2- el cuadro *painting* 3- la sala *room*
4- la cámara de seguridad *security camera*
5- la guía sonora *audio guide* 6- la vitrina *glass showcase*

¿Dónde está la salida?
Me temo que el museo
ha cerrado.

Where is the exit?
I think the museum is closed.

7- el boleto de entrada *entry ticket* 8- el guardia *guard*
9- la guía del museo *museum guide* 10- la linterna *flashlight*
11- el sarcófago *sarcophagus* 12- la estatua *statue*

En la ópera
At the opera

1- el teatro *theatre* 2- el escenario *stage* 3- la cantante *singer*
4- el piano *piano* 5- el director de orquesta *conductor*
6- el violín *violin* 7- el violoncello *cello*

¡Silencio! Queremos oír
la música.

Be quiet!
We want to hear the music!

8- la butaca *seat* 9- el telón *curtain* 10- la batuta *baton*
11- la partitura *score* 12- los tambores *kettle drums*
13- la sala *auditorium* 14- el apuntador *prompter*

En el zoológico
At the zoo

1- la foca *seal* 2- la jirafa *giraffe* 3- el elefante *elephant*
4- el león *lion* 5- la pantera *panther* 6- el tucán *toucan*

¿Alguien le puede decir a la foca que yo no soy una pelota?

Can someone tell the seal that I'm not a ball?

7- el mono *monkey* 8- el rinoceronte *rhinoceros* 9- el pescado *fish*
10- el guardián *guard* 11- la jaula *cage* 12- el árbol *tree* 13- el oso *bear*

En el estadio de fútbol
In the soccer stadium

1- la cancha *field* 2- el estadio *stadium* 3- el arco *goal*
4- el arquero *goalie* 5- la pelota *ball* 6- las gradas *bleachers*
7- el árbitro *referee* 8- el silbato *whistle* 9- los botines *cleats*

Cuando te dijimos que era un partido de fútbol, ¡no nos referíamos a fútbol americano!

When we told you it was a game of "fútbol", we meant soccer not American football!

10- el cartel *billboard* 11- los espectadores *spectators*
12- el entrenador *coach* 13- el juez de línea *linesman*
14- los jugadores *players* 15- la bandera *flag*

En la granja
At the farm

1- el caballo *horse* 2- la gallina *hen* 3- la oveja *sheep* 4- la vaca *cow*
5- las riendas *reins* 6- el estribo *stirrup* 7- la montura *saddle*
8- el césped *grass* 9- el granjero *farmer* 10- el pollito *chick*

Oye caballo, eso no ha tenido ninguna gracia.

Listen, horse, that wasn't funny at all.

11- la paja *hay* **12-** el rastrillo *rake* **13-** la carreta *wheelbarrow*
14- el huevo *egg* **15-** el cerdo *pig* **16-** el granero *barn*
17- el jinete *rider*

En la playa
At the beach

1- el mar *sea* 2- la arena *sand* 3- el tiburón *shark*
4- la sombrilla *beach umbrella* 5- la toalla de playa *beach towel*
6- la silla de playa *beach chair* 7- la hielera *cooler*

¡Socorro! ¡Un tiburón! ¡Salgan todos del agua!

Help! A shark! Everybody out of the water!

8- el protector solar *sun screen* 9- el balde *bucket* 10- la pala *shovel* 11- el traje de baño *bathing suit* 12- el sol *sun* 13- el cangrejo *crab* 14- la concha de mar *seashell* 15- la pelota *ball*

En una isla desierta
On a desert island

1- la carne *meat* 2- el pollo *chicken* 3- el pescado *fish*
4- los fideos *pasta* 5- la sopa *soup* 6- el queso *cheese*
7- el pastel *cake* 8- la leche *milk* 9- el jamón *ham*

¡Tengo tanta hambre que sueño con comida!

I'm so hungry that I'm dreaming about food!

10- el pan *bread* 11- el agua *water* 12- la isla *island*
13- la palmera *palm tree* 14- el barco *ship* 15- el mar *sea*

EL FIN
THE END